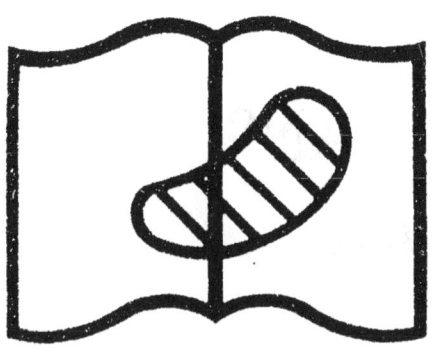

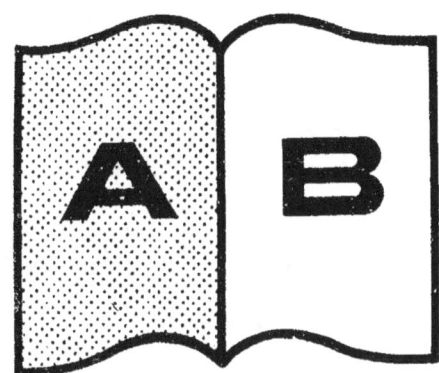

Illisibilité partielle

Contraste insuffisant
NF Z 43-120-14

Valable pour tout ou partie
du document reproduit

RECHERCHES

SUR LES

PESTES DE ROMANS

DU XIVᵉ AU XVIIᵉ SIÈCLE

PAR

Le D.ʳ Ulysse CHEVALIER

VALENCE

IMPRIMERIE DE CHENEVIER ET PESSIEUX

—

M.DCCC.LXXIX.

RECHERCHES

SUR LES

PESTES DE ROMANS

DU XIVe AU XVIIe SIÈCLE

PAR

Le Dr Ulysse CHEVALIER

VALENCE
IMPRIMERIE DE CHENEVIER ET PESSIEUX

M.DCCC.LXXIX.

LES PESTES DE ROMANS

Lorsque, dans un simple but de curiosité, on compulse des vieilles archives locales, on ne tarde pas à ressentir une incommensurable pitié pour ces malheureuses populations du moyen-âge, qu'accablaient toutes sortes de calamités : guerres incessantes, maladies épidémiques et contagieuses, famine, les fléaux naissant ainsi des fléaux. « Avoir du pain sur la planche et du vin dans le broc » n'était point alors une métaphore, mais constituait pour le plus grand nombre littéralement le bien-être. De là, ces chansons de table, où débordait la joie d'avoir en abondance du vin et des victuailles, et cette expression populaire « avoir tant à manger par jour » pour exprimer les revenus d'un homme riche. Alors, la maigreur des statues des cathédrales était, non une représentation idéale et symbolique, mais la reproduction réelle de la maigreur générale [1].

Notre projet est de retracer ici, d'après des documents contemporains, un coin douloureux de ce sombre tableau :

---

[1] Toutefois, comme la somme de bonheur répartie à l'humanité est toujours et partout à peu près la même, on peut admettre que l'état matériellement misérable du moyen-âge était compensé par des satisfactions morales équivalentes.

ce qui se rattache aux maladies épidémiques connues sous le nom générique de *pestes*.

On donnait ce nom à toute affection, contagieuse ou non, qui exerçait de grands ravages. Les autorités, plus réservées dans leurs communications officielles, évitaient avec soin de faire usage du nom terrifiant de peste ; elles se servaient de quelque euphémisme, tel qu'infection, contagion, épidémie, mal contagieux, etc. [1]. Issues de l'Orient, la peste et la lèpre, ces deux fléaux du moyen-âge, sont également contagieuses et incurables. Leur cause et leur nature sont inconnues et leur remède est encore à trouver. Elles apparaissaient et agissaient en dépit de toutes les prévisions humaines.

L'absence de toute description médicale des fléaux dont nous allons parler [2], ne permet pas de trancher la question de la nature des maladies épidémiques qui affligèrent la population de Romans du XIVe au XVIIe siècle. Nous nous contenterons donc, sur ce sujet, des renseignements que peuvent fournir les documents administratifs.

La provenance méridionale, la marche progressive du midi au nord [3], le caractère contagieux et épidémique, la grande mortalité, les symptômes dont il est fait mention, particulièrement des tumeurs charbonneuses, tout indique que ces affections étaient de la même nature que la peste ou typhus d'Orient. Car, aux époques où la ville de Romans

---

(1) Notre célèbre fabuliste a fait allusion à cette réserve des autorités dans ce vers souvent cité :
  « La peste, puisqu'il faut l'appeler par son nom. »

(2) Raymond Chalin de Vinario a décrit, d'après ses propres observations, en trois livres (*De peste*), quatre épidémies, celles de 1348, 1360, 1373 et 1382.

(3) De 1301 à 1720, la peste s'est montrée dix-sept fois à Marseille et en Provence. Toutes ces épidémies, excepté la dernière, se sont propagées à Romans et y ont fait des victimes.

offrait le moins d'avantages hygiéniques, on n'y a jamais observé d'épidémies sporadiques, et même celles qui y ont été importées n'y ont fait aucun progrès ni victimes dans la population. En 1683, les débris de l'armée du maréchal de Cœuvres, en 1806, les prisonniers autrichiens, atteints en grand nombre du typhus des armées, ne propagèrent pas ce mal dans la ville.

De même, à plusieurs reprises dans ces derniers temps, le choléra, qui a régné dans les environs, n'a pas été observé à Romans. Cette immunité peut être attribuée à l'exposition de la ville, aux eaux courantes, au sol calcaire, etc. Nous ne mettons pas au nombre des grandes épidémies l'invasion de cas plus ou moins nombreux de varioles, de fièvres typhoïdes et catarrhales, qui font principalement leurs victimes parmi les soldats de la garnison. Mais les épidémies contagieuses et meurtrières ont toujours été importées des pays d'outre-mer.

La peste a pour lieu d'origine l'Égypte et pour cause des exhalaisons putrides développées sous l'influence d'une haute température. Elle était transportée par des navires de commerce d'une rive à l'autre de la Méditerranée, d'où elle se propageait de proche en proche sur le continent.

Située sur un passage très fréquenté, entre Marseille, le Dauphiné et la Savoie, la ville de Romans offrait, au moyen-âge, une ceinture de hautes murailles, des rues étroites et tortueuses, où l'air circulait difficilement. Là, comme partout ailleurs à la même époque, les maisons étaient malsaines, les vêtements misérables, la nourriture mauvaise et insuffisante, les règles de l'hygiène en oubli, les secours médicaux à peu près nuls [1]. On prévoit quels ravages

---

(1) On n'a pas la preuve qu'il y ait eu à Romans des médecins proprement dits avant la fin du XIVe siècle; à peine, de loin en loin, trouve-t-on

devaient causer les maladies contagieuses aussi virulentes que la peste parmi une population placée dans de semblables conditions.

La peste s'est montrée à Romans dès les temps les plus reculés. La première qui nous soit connue est celle de 1348 [1]. Elle avait été précédée d'une horrible famine : aussi, quoiqu'elle durât peu, fit-elle de grands ravages. Elle fut le prétexte qui fit différer le mariage du dauphin Humbert II avec Jeanne de Bourbon. Parmi les nombreuses victimes on cite Jacques Prunier, chancelier de ce prince [2].

Dans l'assemblée capitulaire tenue le 2 août 1361, Hugues de Clairvaux, sacristain de l'église de Saint-Barnard, représenta que l'épidémie régnante causait une grande mortalité parmi les malades de l'hôpital de Sainte-Foy; qu'il était urgent de pourvoir cet établissement des choses dont il manquait et de désigner un chanoine pour surveiller le service dans la ville. La mortalité était si grande que, au dire des chroniques, « chaque maison étoit devenue un cimetière ».

---

quelque physicien, archiatre, triarchier. Enfin, aucun habitant ne figure avec ces qualités sur le rôle de la grande taille levée en 1367, ni même dans le dénombrement des chefs de famille dressé le 19 mars 1376, où l'on compte cependant cinq apothicaires et trois barbiers-chirurgiens. On trouve en 1391 M.e Durand, docteur en médecine, et son aide Bertrand Vernet, mort en 1420. Mais la création d'une université à Valence, en 1452, ayant rendu les études plus faciles et moins coûteuses, la région fut bientôt amplement pourvue de médecins. Néanmoins en cas d'épidémie grave, les autorités traitaient avec un ou deux médecins étrangers, qui s'engageaient à combattre le fléau par des moyens dont naturellement ils vantaient l'efficacité.

(1) Laure de Noves, dont les chants de Pétrarque ont immortalisé le nom, mourut à Avignon de cette même peste, le 6 avril 1348.

(2) L'année précédente, l'épidémie avait visité Marseille et emporté les deux tiers de sa population.

Les épidémies de 1381, 1442, 1466 sont simplement mentionnées.

Le 2 juin 1494, les consuls de la ville obtinrent du chapitre la permission de faire mettre une traille et un bac au-dessous du pont, vers le confluent du torrent de la Savasse, pour faire passer les étrangers venant du Midi. Ils donnaient pour motif de cette mesure que le mal contagieux étant répandu dans le Comtat-Venaissin et aux environs, les gens de ces pays-là désertaient : il en passait beaucoup sur le pont. En traversant la ville plusieurs s'arrêtaient pour boire et pour converser avec les habitants, en sorte que cette communication pouvait être dangereuse.

La peste faisant des ravages, il est permis à M. Dalmacieu, le 18 juin 1494, d'administrer les malades. Les chanoines et les prêtres habitués sont autorisés à s'absenter sans perdre leur prébende : ceux qui demeureront en ville jouiront de la double livre.

Le 30 juin, le chapitre général s'assemble, à cause de la peste, dans le château de Poitiers, à Pisançon. Le 18 octobre suivant, il se réunit à Jabelin, dans la grange des frères Odoard.

Quoiqu'on ne doive pas attribuer à la peste de 1505[1] le chiffre de décès indiqué par M. Dochier[2], qui est celui de l'épidémie de 1585, comme on le verra plus loin, elle fut, paraît-il, très meurtrière. Elle survint après une longue sécheresse et sévit pendant plus de deux ans avec une extrême violence. Voici quelques détails. Comme la peste régnait alors au bourg d'Alixan, le dimanche 15 juin 1505, les consuls de Romans ordonnèrent aux portiers de la ville de

---

(1) En 1504, la peste éclata à Marseille avec une telle violence, que les médecins, dit Papon, renoncèrent à la combattre.

(2) *Mémoires sur la ville de Romans*, p. 133.

ne laisser entrer aucun pauvre et de leur donner du pain, afin qu'ils pussent continuer leur route. Quatre portes seulement durent rester ouvertes du lever au coucher du soleil. Le 19 octobre suivant, Jean Vache, consul, afferma, au nom de la ville, pour enterrer les corps des personnes mortes d'infection, un terrain près de l'hôpital du Colombier, situé à la Villeneuve [1]. Il donna trois florins par mois à Pierre Brun, à Jean Berthon et à Jeanne Saunange pour soigner les malades dans cet établissement. C'est à la suite de cette peste que, pour témoigner leur reconnaissance à Dieu et aux martyrs Séverin, Exupère et Félicien, patrons de la ville, les Romanais, avec le concours du chapitre et des ordres religieux, firent représenter aux fêtes de la Pentecôte 1509 le mystère des trois Doms [2], auquel assistèrent, le 29 mai, 4,447 spectateurs.

Le 14 janvier 1507, le chapitre s'opposa au choix qu'on avait fait d'un emplacement pour y construire un hôpital de pestiférés. Une ordonnance du parlement de Grenoble avait prescrit aux consuls de Romans d'avoir à faire cette construction. Le conseil de ville choisit pour arbitres : Antoine d'Hostun, seigneur de La Baume, N. de L'Arthaudière, Balthazar de Chaste et Étienne Berger, châtelain de Saint-Paul, auxquels on adjoignit plusieurs conseillers du quartier Saint-Nicolas. Enfin, le 9 juin, on donna tout pouvoir sur cette affaire à Guillaume Forrest, dit Coppe, et à Guillaume Charlet, dit Pataru.

---

(1) L'emplacement de cet hôpital dépendait de celui de Sainte-Foy, qui l'avait cédé à la ville pour y mettre les infects. Le 20 janvier 1606, les consuls achetèrent de Gaspard Milhard, au prix de 84 florins, un verger, afin d'agrandir le cimetière, devenu insuffisant. Enfin cet établissement, depuis longtemps sans emploi, fut vendu par la ville.

(2) Voy. *Composition, mise en scène et représentation du mystère des trois Doms, joué à Romans*, etc., par M. P. E. Giraud. Lyon, 1848.

Le 14 mai 1507, le chapitre général se tient à Peyrins, dans la maison de Jacques du Plastre, chanoine ; le 30 juin suivant, à Chalaire. Les chanoines s'assemblent hors et près de la maison forte, sous de grands chênes, « pour se préserver plus sûrement de l'infection des pestiférés, qui vouloient venir au même lieu ». C'est là que le juge, les consuls et autres habitants, au nom de la communauté, font parvenir leurs plaintes. Ils exposent que le prêtre commis pour administrer les pestiférés s'acquitte mal de ses devoirs ; qu'il faudrait construire un hôpital hors de Romans, dans l'endroit assigné par le parlement, pour y transporter les pestiférés. Ils demandent au chapitre des prières pour la cessation de la peste et des aumônes pour subvenir aux dépenses qu'occasionne ce fléau. Le 3 juillet, les chanoines répondent 1º que le prêtre commis pour administrer les sacrements est maintenu, mais qu'il sera remplacé à la première plainte ; 2º qu'il sera construit un hôpital en bois au lieu désigné par la transaction passée depuis peu ; 3º que les aumônes se feront à la volonté du chapitre.

L'apparition de quelques cas de maladie dans les environs engagea les consuls de la ville, le 30 avril 1508, à interdire pendant plusieurs jours toute communication avec Valence et à prescrire diverses mesures de police sanitaire. Toujours sous les mêmes craintes, on fit, le 6 juin 1510, un traité avec Pierre Despoys, chirurgien de Tournon, qui s'obligea à demeurer à Romans moyennant 30 florins par an lorsqu'il ne règnera aucune maladie contagieuse et 15 florins par mois en temps de peste. Le 12 du même mois, la ville acquit un emplacement au terroir des *Sablons*, hors la porte de Saint-Nicolas, pour y bâtir un *hôpital des infects*. L'opposition du chapitre fit renoncer à ce projet.

Plusieurs cas de peste s'étant manifestés dans les environs de Romans, les consuls demandèrent, le 3 mai 1517, au juge royal de faire interdire les danses, les jeux de paume et de boules « et aultres qui sont d'échauffement » ; de faire enlever les fumiers des rues et sortir les porcs de la ville. Le 18, on constata deux cas de peste et on nomma Claude Thomé et Jean Songy « rapporteurs pour le faict de la santé ».

Le 26 août 1518, pour implorer la miséricorde de Dieu, il fut ordonné que l'on ferait faire sept processions durant sept vendredis et, après chaque procession, dire une grand' messe des Cinq plaies. On porterait cinq flambeaux allumés et les boutiques seraient fermées. Il fut aussi reconnu qu'il était très nécessaire d'avoir un hôpital où l'on pût mettre les malades de peste, afin qu'ils pussent être mieux servis et consolés par des gens commis à cet effet. Le lendemain une commission se rendit avec le juge royal à la porte de Chapelier pour chercher dans les environs un lieu convenable. Mais, les commissaires n'ayant pu s'accorder, il fut arrêté que, pour le présent, on se servirait de l'hôpital vieux de Pailherey et qu'on y ferait les appropriations nécessaires.

Le 15 novembre 1519, on nomma Romanet Bourguignon, Jacques Reynaud, Raymond de La Salle et Jean Romey commissaires de la santé. Jean Rey, hôtelier du Cerf, fut chargé de fournir des vivres aux malades.

Sur la plainte des habitants du quartier de Saint-Nicolas, les consuls furent ajournés, le 29 mai 1520, en cour de parlement, afin d'avoir à choisir un autre emplacement pour un hôpital. En conséquence, dans l'assemblée tenue à l'hôtel de ville le 4 avril 1522, il fut conclu que « pour obvier d'encourir la peyne contenue en l'arrest donné par MM. de la court de parlement sur le faict de la hérection de l'hospital des infects, sans toutefois préjudicier aux lettres de recours bailhées contre led. arrest, que, pour le présent, l'on feroit faire et édiffier une chabotte de peste au lieu des *Hors* : auquel lieu ledict hospital a esté ordonné estre faict par MM. du parlement, laquelle chabotte servira à mettre les infects de la peste [1] ».

Par acte reçu par le notaire Jean Duboys, le 21 décembre 1522, les consuls acquirent de Jacques Bonneton une vigne contenant trois éminées, au mandement de Monteux, au lieu des *Hors*. On y bâtit un hôpital, dont la chapelle fut bénite et consacrée l'année suivante, avec la licence du vicaire-général de l'archevêque de Vienne. On ajouta aux dépendances de cet établissement une terre et une vigne, acquises le 14 mai 1523. Le 6 août suivant, on attacha à l'hôpital deux prêtres, pour consoler et confesser les pestiférés. Enfin, le 23, « actendu que, grâce à Dieu, on se porte bien en ceste ville, les commis sont remerciés et la circulation est rétablie ».

Le 26 mars 1563, Bonaventure Vinet, hospitalier de l'hôpital vieux ou des infects, exposa au conseil de la ville qu'étant tombé malade il avait droit d'être soulagé, d'autant plus qu'il avait planté une vigne et des arbres dans le champ de l'hôpital.

En 1564, une peste vint ajouter ses maux aux calamités d'une guerre civile. Malgré la détresse générale, les administrateurs de la ville parvinrent cependant à faire face à toutes les nécessités de ces circonstances malheureuses. Il est fait mention pour la première fois de cette nouvelle épidémie dans l'assemblée générale du 20 juillet, où l'on prit les résolutions suivantes : L'entrée de la ville est interdite au fils de Jean Cayol, qui avait séjourné dans des lieux grande-

---

(1) C'est l'hôpital vieux, sur le bord de l'Isère, que M. Dochier dit avoir été établi en 1504 (*Mém.*, p. 132).

ment suspects de peste ; Nicolas Paris, libraire, est nommé *capitaine de santé ;* les malades indigents recevront des vivres aux dépens de la ville. Le 19 août, Antoine Tolain et Guillaume Vignerot sont désignés comme chirurgiens pour le service des pestiférés, aux gages de 200 livres par an. Le 25 avril 1565, Sébastien Mésonat est choisi pour *commis de la santé*. On lui accorde le port d'armes pour se faire obéir et on lui adjoint « un grand et robuste personnage pour lui venir en aide ». Les consuls sont autorisés à faire construire des chabottes pour y placer les malades de la ville. Le 31 suivant, un médecin, natif d'Orléans, s'offre à servir les malades, si l'on veut lui accorder « le logis et quelque honneste estat », faisant observer que si l'on traite les malades avant l'apparition du charbon, il en réchappera beaucoup. Cette remarque nous apprend que l'on avait affaire avec le terrible typhus d'Orient, qui ravageait alors la Hongrie.

On trouve dans un autre document contemporain les renseignements suivants sur la même épidémie.

Au mois d'août 1564, des accidents d'une maladie contagieuse qui régnait à Valence s'étant manifestés à Romans, l'assemblée de la ville nomma un conseil et un capitaine de santé. Elle ordonna l'aménagement du vieil hôpital des infects. La ville fut divisée en dix sections, placées chacune sous la surveillance de deux commissaires chargés de tout ce qui concernait la propreté et la salubrité, de faire enlever les fumiers, balayer les rues [1], nettoyer les maisons, soigner les malades, etc. On fit une convention avec deux chirurgiens, qui s'engagèrent, moyennant une rétribution de 200

---

(1) Ces mesures hygiéniques prouvent que l'autorité appréciait les inconvénients de la malpropreté qui régnait habituellement dans les rues de la ville et qu'elle était impuissante à faire cesser.

livres, à donner, pendant un an, des soins aux habitants qui tomberaient malades. Après avoir traité des personnes atteintes de la peste, ils ne devraient plus frayer avec les individus sains qu'après une retraite de quarante jours dans leurs maisons. De même, les meubles des pestiférés ne pourraient être exposés et mis en vente que trois mois après le décès des propriétaires.

Le 12 septembre, on accorda une gratification de dix florins à Hugues Boze, portier de la porte sur le pont, pour la peine qu'il avait extraordinairement eue durant la contagion.

Le 27 mars 1566, les *galopins* qui servaient dans l'hôpital des infects (c'était alors celui de Pailherey) demandèrent leur congé et la rémunération de leurs peines. Ils offrirent de prendre en paiement les meubles restant dans l'hôpital : ce qui leur fut accordé, à condition qu'ils demeureraient dix à douze jours dans une chabotte avant de communiquer avec le public.

Le 11 mai 1567, le principal du collège pria les consuls de faire nettoyer les chambres qui avaient servi d'hôpital pendant la peste. Le 15, Jean Giraud réclama son salaire pour avoir fait ce nettoiement. Enfin, le 20 juillet, l'assemblée communale résolut de demander au parlement l'autorisation de lever une cotisation sur les habitants exempts et non exempts pour payer les dépenses faites pendant la peste.

Des symptômes de peste s'étant montrés à Saint-Donat, le conseil de ville ordonna, le 2 novembre 1576, des mesures de précaution pour l'entrée des personnes et des marchandises. Le 20 mai suivant, les suspects de contagion furent laissés libres.

L'épidémie la plus meurtrière qui ait affligé la ville de Romans est celle qui se montra au commencement de septembre 1585 et qui dura plus d'un an[1]. On nomma, suivant l'usage, une commission chargée d'élaborer un règlement sanitaire. Elle fut composée de MM. Gordon, Merlin, André Faure, Arnoulx Deloulle, Pierre Grangier, Antoine Servonnet, Jean Doyne, Tezon Besson et Jean Bochard. On publia alors « ung règlement et police par les gentz du conseil estably en la ville de Romans pour la conservation de la santé en lad. ville ». Les prescriptions portent principalement sur la propreté à entretenir dans les rues, la police des cabarets et autres lieux publics, à peine de 20 écus d'amende contre les contrevenants. Il était défendu aux apothicaires et aux chirurgiens de visiter les malades et de faire des saignées sans la présence et l'avis d'un médecin et sans la permission dudit conseil de santé.

Deux membres de ce conseil devaient à tour de rôle se rendre dans les hôpitaux pour faire distribuer des vivres et donner des soins aux pauvres malades. Enfin, la crainte de la contagion retenant beaucoup de conseillers à la campagne[2], il fut arrêté que la présence de seize membres suffirait pour l'expédition des affaires de la ville.

Cependant Antoine Guérin, juge royal de Romans, sur le commandement de Lavalette et de Maugiron, lieutenants généraux en Dauphiné, ordonna à Ennemond Chorin, courrier de la ville (commissaire de police), de signifier à tous les habitants de revenir, sous trois jours, dans ladite

---

(1) L'épidémie, dite la *grande peste*, envahit la Provence et dura jusqu'en 1587.

(2) Lorsque la peste se déclarait à Grenoble, le parlement venait ordinairement à Romans. Quand la maladie sévissait dans cette dernière ville, les chanoines abandonnaient leur église et allaient s'assembler à Peyrins, à Jabelin ou à Chalaire. Alors, comme aujourd'hui, le meilleur préservatif de la peste consistait à fuir le plus tôt et le plus loin possible.

ville pour y faire leurs charge et devoir « de bons et vrays citadins », à peine de 30 écus d'amende et de recevoir en garnissaire un soldat étranger. Car, disait l'ordonnance du juge, il n'est pas juste que ceux qui sont obligés de demeurer dans la ville, au péril de leurs jours, supportent toutes les charges, pendant que les absents vivront en sécurité à la campagne. Le malheur du temps étant commun à tous, les conditions doivent être égales. Des sommations, en conséquence, furent signifiées à MM. Loyron, Pierre et Charles Lhoste, Garagnol, Renault, Henry, Robert et Chabert.

On traita ensuite avec « ung personnage du Forrest, homme très expert aux remèdes de la contagion et dont on donne à Lyon de grandes louanges pour les ordinations, et qui a parachevé de désinfecter la ville. On traitera aussi avec un chirurgien, qui est encore au service de la même ville ».

Il existe de cette terrible épidémie un état authentique, officiel et contemporain des décès survenus en 1585 et 1586, dressé et certifié par Ennemond Chorin. Ce nécrologe existe aux archives départementales de la Drôme (E. 3804) et a pour titre :

« Rolle des décédés de contagion habitant en la ville de Romans, depuis le premier jour du moys de septembre 1585, fini au dernier jour du moys de novembre 1586, suivant la suite et description quy a été faicte par moy, Ennemond Chorin, commis par Monsieur M.e Antoine Guérin, escuyer et juge royal dudit Romans, et Messieurs les consuls. »

Dans ce document, contenant 38 feuillets, la ville est divisée en sept quartiers. Les ménages qui ont fourni des victimes sont au nombre de 1,336, plus deux hôpitaux et un couvent. Les chefs de famille sont seuls désignés par leurs nom et prénoms. Les autres personnes le sont par leurs qualités de femme, de veuve, de mère, d'enfant[1], de neveu, de gendre, de serviteur et de chambrière.

Le nombre des morts par ménage varie de 1 à 13, soit en moyenne 3 1/5. Enfin, le total des décès se serait élevé à 4,198, savoir : 984 hommes, dont 7 religieux Cordeliers ; 1,104 femmes, dont 2 religieuses de Saint-Just[2], et 2,110 enfants, plus 30 personnes dans les hôpitaux, sans désignation de sexe ; total général 4,228[3].

Voici deux exemples de la rédaction des articles :

« 11 (personnes). Eymard de Chaste, sa femme, sept enfants, sa niepce et un serviteur.

» 13 (personnes). Hôte (aubergiste). Balthazar Coste, sa mère, son frère, cinq serviteurs, trois chambrières et un enfant d'une des chambrières. »

Ce nombre considérable de décès, bien authentiquement prouvé, est réellement effrayant, si l'on considère qu'il fut prélevé sur une population qui ne pouvait guère, à cette époque, après des années de guerres civiles, de disettes et d'épidémies, atteindre un total de 6,000 âmes, que Romans n'a dépassé qu'au commencement de ce siècle (6,150 en 1801).

Le 13 janvier 1586, il fut décidé qu'on répèterait les frais faits pour fournir des vivres aux malades placés à l'hôpital

---

(1) Dans plusieurs articles sont mentionnés des enfants naturels vivant dans le sein de la famille avec les enfants légitimes ; exemple : « Claude Yserand, sa femme, ung enfant et une sienne fille naturelle. »

(2) Après la ruine de leur abbaye par les protestants, les religieuses de Saint-Just s'étaient réfugiées à Romans.

(3) C'est du moins le chiffre que nous a donné un pointage attentif. A la fin du manuscrit il y a *quatre mille deux cent cinquante-sept* en toutes lettres, et IV^mCCLXVII en chiffres romains, écrit en marge.

des infects et qu'on indemniserait ceux dont on avait brûlé les meubles pour préserver de la contagion.

Dans le mois de juillet, les compagnies du régiment de Rumfort qui étaient en garnison à Romans se logèrent dans les tours des remparts, pour éviter la contagion. Néanmoins plusieurs capitaines furent victimes de la peste.

C'est pendant cette épidémie que disparut le sceau d'or aux armes de l'empire qui était attaché à la bulle du 25 janvier 1366, contenant plusieurs privilèges accordés par l'empereur Charles IV aux habitants de Romans [1].

Par lettres du 23 janvier 1587, Pierre de Villars, archevêque de Vienne, approuva le vœu fait par la ville de Romans de célébrer à perpétuité, comme le saint dimanche, les fêtes de Saint-Sébastien et de Saint-Roch, en reconnaissance de la guérison de la peste et pour en être préservée à l'avenir.

Dans sa séance du 25 avril, l'assemblée communale, ayant reconnu qu'il existait des craintes fondées de contagion, nomma de nouveau un conseil de santé et passa une convention avec le sieur Guillaume Auroz, chirurgien, lequel s'engagea à soigner les pestiférés, moyennant 30 écus par mois et l'exemption des tailles.

Voici la copie d'un certificat de santé, sans lequel, à cette malheureuse époque, on ne pouvait circuler :

---

[1] « La ville de Romans estant grandement affligée de contagion, ladicte pièce estoit dans la maison de feu sieur Michel Barbier de Champlong, premier consul, par décès duquel de maladie contagieuse sa maison infectée fut abandonnée et par certains volée et saccagée, comme a esté tout notoire, et par ce moyen le sceau d'or esgaré (*Inventaire des papiers et documents de la maison consulaire*, p. 2).

Le complet abandon de la maison de M. Barbier de Champlong s'explique par le décès de toutes les personnes qui l'habitaient, au nombre de six, savoir, d'après le *rôle* : « M. de Champlong, sa femme, deux enfants, sa niepce et une chambrière ».

« Nous, soussignés, certifions et attestons par la présente Pierre Pellaud, chapelier à Voyron, estre homme de bien, bonne vie, sans avoir esté jamais repris de vice acte, estant iceluy de la religion catholique, appostolique et romaine, comme semblablement tous ceulx de sa maison, et iceluy issu de bons parents, gentz de bien et d'honneur, et part aujourdhuy, 6e de may 1587, dudit Voyron pour aller à Romans, auquel lieu de Voyron n'y a aulcun danger de malladie contagieuse, grâce à Dieu. En foy de quoy, nous avons mis et icy apposé les armoiries du seigneur dud. lieu.

» Humbert RIESSE, vi chastelain dudit Voyron.

» COUTURIER, curé.

» Actendu l'attestation suscripte et sur l'instance dud. Pierre Pellaud et réquisition d'estre receu habitant en la ville, luy est accordé en payant les charges comme les aultres habitants.

» Fait au conseil ordinaire, le 10 may 1587.

RICOL, S.re. »

La cour du parlement, qui siégeait à Romans, dans les bâtiments de l'hôpital de Pailherey, fut dans la nécessité, au mois d'août 1598, de sortir de cette ville, où la peste venait de se déclarer de nouveau. Un hôtelier, nommé Faressey, soigné par M. Forrest, médecin, avait succombé le premier à ce retour du fléau. A l'hôpital de Sainte-Foy la contagion s'étant propagée dans la salle des femmes, le Dom recteur demanda à la ville des secours pour empêcher les pauvres de mourir de faim.

Dans l'assemblée générale du 23 mars 1612, il fut proposé de faire construire un hôpital pour les infects dans un lieu plus commode que celui où était l'hôpital vieux, trouvé malpropre et dangereux, et que, dans ce but, on appellerait ceux du clergé et de la noblesse pour examiner ce projet.

Sur l'avis qu'une maladie contagieuse faisait des ravages à Grenoble, une assemblée extraordinaire se tint, le 25 mai 1616. On y nomma un conseil de santé, composé de douze membres. On s'occupa ensuite de remplacer l'hôpital vieux, qui était en ruines. On acheta, le 12 décembre 1618, de divers particuliers un vaste emplacement, pour le prix de 181 livres 6 sols. On y fit d'abord construire quelques chambres, en utilisant ce qu'on put conserver de l'ancien bâtiment.

Voici, d'après ce qui en subsiste encore, la description de cette maison. L'édifice avait 42 pieds de longueur du nord au sud et 27 pieds de largeur de l'est à l'ouest. La porte d'entrée, aujourd'hui murée, est placée au couchant. Elle conserve, gravée sur la traverse supérieure, à gauche et au-dessous du monogramme IMS, l'inscription suivante : HOTEL DIEV et le millésime 1629, et à côté ces mots : IN NOM. DEI. ROCHE, PRIEVR DE CEANS. Les jambages de cette porte sont chargés de noms, qui, par les dates dont ils sont suivis, rappellent ceux des personnes qui furent employées à désinfecter les marchandises, à l'époque de la peste de Marseille, en 1720 [1].

Le typhus de 1628, assez grave pour mériter le nom de peste, vint du Midi, comme les épidémies précédentes [2]. Sa

---

(1) Après ce dernier service, l'hôpital vieux fut vendu et son champ rendu à l'agriculture. Il longeait le bord de l'Isère, ce qui le rendait facilement accessible et permettait d'y transporter en bateau les malades, les provisions et les corps des personnes décédées en ville, qui étaient enterrées dans le cimetière de l'hôpital. Le cadastre a conservé la désignation d'*hôpital vieux* à un quartier rural de la commune de Romans.

(2) Cette peste fut presque générale dans le Midi. Digne fut atteint et éprouva de tels ravages que le célèbre Gassendi s'en est fait l'historien.

marche fut lente et l'on put, pour ainsi dire, en compter les étapes. Il arriva par le Vivarais, où il se montra le 6 juin. A la fin d'octobre il était à Tournon, puis à Tain et le 7 novembre à Romans. La première victime fut un nommé Servonnet, qui succomba le 9. Deux médecins et deux chirurgiens furent commis par les consuls pour constater la réalité du mal.

Mais les magistrats de la cité n'avaient pas attendu l'apparition du fléau pour prendre des mesures en rapport avec les circonstances. Dès le 1er novembre, le conseil s'était réuni et avait arrêté que, pour porter remède à la misère, qui était grande, il serait fait des distributions de blé, dont un tiers aux frais de la ville et deux tiers aux dépens de l'Aumône générale. On nomma un conseil de santé, composé de quinze membres et d'un capitaine de santé, à qui on alloua 36 livres par mois. Le premier consul, M. Galliot, demanda les fonds nécessaires pour placer des gardes et autres employés à l'hôpital des infects et acheter un bateau destiné à y transporter les malades et des vivres pour les nourrir. Le 8 du même mois, le conseil présenta un « règlement pour la conservation de la santé dans la ville de Romans », en 36 articles, dont voici les principales dispositions :

Invitation au chapitre de faire continuer les prières et d'exhorter le peuple à remplir les devoirs religieux. — Avis au ministre de la religion réformée de cesser de faire des prêches et des assemblées. — Expulsion des étrangers. — Recommandation de mesures de propreté, d'enlever les fumiers des rues, de ne point nourrir des bestiaux en ville, de brûler les chabottes en paille qui sont dans les vignes. — Défense de fréquenter les cabarets et les bals, de jouer, de voyager. — Mesures restrictives concernant les foires et marchés. — Fermeture des portes de la ville dès qu'on ne pourra plus lire et vérifier les permis de ceux qui se présenteront. — Résidence dans la ville du capitaine de santé, à qui tous les cas de danger seront rapportés par les employés, dont il aura le commandement. — Désignation des médecins et chirurgiens, qui s'obligeront, par serment, à résider dans la ville et à visiter les malades du dedans et du dehors, à l'hôpital et aux cabanes. — Appel aux curés, prêtres et religieux pour assister les malades et leur administrer les sacrements. — Visite de l'hôpital des infects à faire par les consuls et conseillers, afin de pourvoir au logement des malades, d'acheter des bateaux et civières pour le transport des pestiférés et des décédés, ainsi que le bois nécessaire à la construction des cabanes. — La nourriture des malades aisés sera à leurs frais, celle des nécessiteux aux dépens du public. — Défense aux pauvres de mendier dans la ville et au dehors. — Les galopins conduiront diligemment les malades à l'hôpital et aux cabanes et porteront une baguette blanche, pour que le peuple se retire ; ils s'emploieront au service des malades ; en cas de décès, ils les enterreront au lieu qui leur sera indiqué et feront les désinfections, etc.

Le 3 décembre, l'assemblée des trois ordres renouvela le vœu général du 3 juillet 1586, vota des messes pour l'intercession de saint Roch[1] et de saint Sébastien, et une procession à l'église des Cordeliers. La visite des médecins fut taxée à 24 sols dans la ville et à 4 livres 10 sols hors la ville ; celle des chirurgiens à 15 sols et 2 livres 10 sols. Le 29, on fit construire une grande cabane pour les malades du Bourg-du-Péage, aux frais des consuls de cette communauté,

---

(1) En 1301, la *peste noire* ayant ravagé le midi du continent, la ville de Plaisance, qui fut une des plus éprouvées, fut témoin, à cette occasion, du dévouement d'un célèbre pèlerin de Montpellier, plus tard canonisé, que, sous le nom de saint Roch, on invoque en temps de peste.

laquelle possédait en outre dans son enceinte une grande maison disposée en hôpital.

Durant cette longue et meurtrière épidémie, le premier consul, André Gaillot, et son successeur, Antoine Buissonnier, montrèrent beaucoup d'activité, de sang-froid et de dévouement. Le conseil municipal fut tout le temps en permanence. Il s'assembla à l'hôtel de ville, dans l'église et même sur la place. Quatre conseillers furent enlevés par la peste; c'étaient MM. Pierre Jassoud, médecin de l'hôpital des infects, François Jassoud, Claude Thibaud et Pierre Banchard.

« La ville, épuisée et sans ressource, tomba dans un grand désordre. Ceux qui se portaient bien volaient ceux qui étaient malades. Il fallait secourir les uns et punir les autres. Les chanoines, avant de fuir [1], voulurent fermer le chœur de leur église; les curés et les consuls, toujours fidèles à leur poste, s'y opposèrent. Le conseil municipal transporta ses assemblées sur la place. Cependant les maisons se remplissaient de morts. Pour les en tirer on organisa une compagnie de vingt hommes, appelés *corbeaux*. Vêtus de toile cirée, armés d'un croc, conduits par un capitaine, ils allaient chercher les cadavres pour les jeter sur des charrettes et les transporter au lieu de leur sépulture. Le capitaine, qui marchait à leur tête, était le plus exposé; déjà plusieurs avaient péri à ce poste honorable. Il était vacant et personne ne se présentait pour le remplir. Le conseil municipal s'assemble dans l'église, au pied des autels; la foule qui l'environne attend avec impatience le succès de sa délibération.

---

(1) L'abbesse et les religieuses de Saint-Just obtinrent, le 10 mars 1629, de l'abbé de Cîteaux l'autorisation de se retirer chacune dans sa famille et d'y demeurer tant que la peste règnerait à Romans. La ville de Grenoble en fut aussi très affligée, « ce qui obligea les plus qualifiés d'en sortir ».

Les consuls exposent la nécessité d'avoir un chef; ils demandent un citoyen qui veuille se dévouer pour le salut public. Tous gardent le silence. Enfin, François de Lacour accepte ce dangereux honneur. Il prend le fatal croc, et le peuple, en reconnaissance de ce dévouement, donna à ses descendants ce surnom, qui fut longtemps une expression honorable [1]. »

Les frais généraux pour le traitement des malades pendant les vingt mois et demi que l'hôpital demeura ouvert s'élevèrent à 5,321 livres, savoir : 1,771 livres pour les désinfections, 2,650 pour les gages des employés et 900 pour les travaux de réparation à l'hôpital. La dépense pour la nourriture, les médicaments et autres frais personnels, avancée par la ville, fut répartie entre les malades et fixée à 8 sols par journée de traitement et à 3 livres pour la désinfection des hardes de chaque individu. Le rôle en fut établi suivant les certificats fournis par le capitaine de santé et arrêté par les conseillers de Lacour, Albert et Falgues, commis par les consuls à la taxe et liquidation. Le registre de cette répartition a pour titre :

« Role des habitants de la ville de Romans, lesquels ont

---

[1] Dochier, *Mémoires sur la ville de Romans*, p. 134.
La vérité nous oblige à dire que les registres consulaires et de santé, où sont relatés jour par jour et très minutieusement tous les faits relatifs à la peste de 1628, ne font aucune mention du récit dramatisé que nous venons d'emprunter à M. Dochier. C'était peut-être quelque tradition amplifiée se rapportant à une épidémie plus ancienne. Au reste, la famille de Lacour a eu plusieurs membres qui ont porté le prénom de François. Un fut consul en 1376, un autre maître de la monnaie en 1536, un troisième fut capitaine de santé en 1651, un quatrième chanoine en 1654, un cinquième aussi capitaine de santé en 1720, un sixième colonel de la bourgeoisie en 1722, etc. Nous croyons, à cette occasion, devoir prévenir le lecteur que M. Dochier, rédigeant ses *Mémoires* au courant de la plume et en se fiant trop à ses souvenirs, a souvent confondu les personnes et interverti les faits et les dates.

été conduits et menés tant dans l'hôpital des infects que dans les cabanes autour d'iceluy, pour y estre nourris, alimentés, pansés, médicamentés et entretenus aux frais et dépens de ladicte ville, depuis le 9 de novembre 1628, que le mal contagieux commença dans icelle, jusqu'au 28 de juillet 1630, que les officiers de santé furent congédiés et qu'il finit entièrement, sans que du depuis, grâce à Dieu, il y aye eu aucun soupçon[1]. Lesquels habitants doivent supporter, à prorata du temps qu'ils y auront demeuré, les frais soufferts et supportés par ladicte ville, durant ledict temps que le mal a duré. »

Ce rôle se compose d'un cahier de 87 feuillets, chaque page contenant quatre articles. Chacun de ceux-ci comprend le nom de la personne taxée, tant pour elle que pour les membres de sa famille ou ses domestiques. Toutes les parcelles sont rédigées uniformément et dans les mêmes termes. Voici la première :

« Antoine Fontane, tisserand de toiles, près la *Croix-Richa*, son beau-père et sa femme, en tout 226 jours; pour désinfecter sa maison iij livres. Résulte du certificat du sieur Claude Didier de Taney, capitaine de santé. Coté en tout 93 livres 8 sols. »

On faisait distraction de la moitié à ceux qui s'étaient nourris; ils étaient en petit nombre. La plupart des malades appartenant à la classe peu aisée ou indigente, la ville eut à supporter presque toute la dépense. En somme, il y avait 674 cotes, s'élevant au total à 24,634 livres 8 sols. Le nombre des individus était de 900, savoir : 550 hommes, 225 femmes et 125 enfants, ayant fourni 57,158 journées ; ce qui donne

---

[1] Cette dernière phrase a été rayée, parce que, peu de jours après, une nouvelle recrudescence s'était manifestée.

une moyenne de 91 malades 1/3 par jour et 62 journées 1/2 de traitement pour chaque malade.

Cet état ne comprenant que les survivants, le renseignement le plus important à connaître dans l'histoire d'une épidémie ferait défaut, si on ne le retrouvait dans le nécrologe ou « Mémoire de ceux qui sont morts de la peste », dressé par les Pères Benjamin et Gabriel, prêtres Capucins. Ces religieux vinrent de Lyon à Romans en 1629 pour servir et consoler les malheureux atteints de la maladie contagieuse qui régnait alors. Quand le mal fut sur son déclin, ils firent la liste de toutes les personnes mortes, soit à l'hôpital, soit dans les cabanes voisines, depuis le 16 juillet 1629 jusqu'à la fin d'avril 1630.

Ce catalogue consiste en un cahier de 30 feuillets, dont la dernière page ou la 60ᵉ est remplie par le certifié véritable des Pères Benjamin et Gabriel, à la date du 16 octobre 1630, et le visa du capitaine de santé, Claude Didier de Taney, attestant que ce rôle est conforme à son livre-journal, « à quoy il faudra avoir recours, le cas échéant ».

Le dépouillement du mémoire des Pères Capucins donne un total de 810 décès, survenus aux époques suivantes :

1629	Juillet (15 jours)	57
—	Août	138
—	Septembre	212
—	Octobre	129
—	Novembre	123
—	Décembre	87
1630	Janvier	21
—	Février	24
—	Mars	9
—	Avril	10
	Total	810

Dans ce nombre on comptait 211 hommes, 240 femmes,

92 garçons, 151 filles et 110 enfants sans indication de sexe. Quant aux 3,500 décès consacrés par la tradition, l'absence des registres de l'hôpital de la ville, de ceux des paroisses et surtout du journal tenu par le capitaine de santé ne permet pas de contrôler ce chiffre, qui paraît fort exagéré. On peut seulement rappeler, comme point de comparaison, que les procès-verbaux des assemblées ne font mention que de quatre conseillers, sur quarante, enlevés par le mal contagieux et montrent le capitaine Didier de Taney vaquant journellement à ses périlleuses fonctions du commencement à la fin de l'épidémie. Aucun des treize recteurs de l'Aumône générale ne succomba; un seul, M. Jomaron, trésorier, dut s'absenter pour cause de maladie. Cependant les Pénitents, qui étaient au nombre de deux cents, perdirent trente confrères. La communauté du Bourg-du-Péage, sur une population de 1,700 âmes, compta 198 décès. En résumé, de ces données on peut conclure que le nombre des habitants de Romans enlevés par la peste de 1628 n'excéda pas 1,000 à 1,200, soit environ un sixième de la population [1].

Par suite de vœux faits pour la cessation du fléau, on plaça dans l'église de Saint-Barnard les statues de saint Roch et de saint Sébastien, que l'on voit encore à l'entrée

---

(1) On remarqua alors que le quartier de la Presle avait été, comme à d'autres époques, complètement épargné par le fléau. On attribue cette immunité à certaines circonstances locales. La Presle est un vallon profondément creusé par le torrent de la Savasse et sillonné par de nombreux cours d'eau, affluents de l'Isère, ce qui établit un vif courant d'air, qui balaie au besoin les miasmes contagieux. Ceux-ci sont en outre neutralisés par les masses de tan et de chaux employées par les nombreuses tanneries et mégisseries de ce quartier.

La communauté de Sainte-Claire, qui habitait alors la Presle, fit, le 8 septembre 1628, afin d'être préservée de la peste, un vœu, qu'elle accomplit encore tous les ans avec reconnaissance.

du chœur. En outre, le 20 mai 1630, les consuls, avec l'autorisation de l'archevêque de Vienne, pour remercier Dieu de la cessation de la peste, fondèrent dans l'église de Saint-Antoine une haute messe avec diacre et sous-diacre. Ils se rendirent processionnellement, avec tous les corps religieux et un grand nombre d'habitants de la ville, au bourg de Saint-Antoine, où ils offrirent à l'abbaye vingt-trois cierges et un calice d'argent, du poids de trois marcs, gravé aux armes de Romans.

Voici le texte de cette fondation, qui a été gravé sur une plaque de cuivre, qu'on voit encore de nos jours à la sacristie de l'église de Saint-Antoine :

« Soit mémoire à la postérité, qven conséqvence dv vœv faict par les sievrs consvls et habitants de la ville de Romans, le xviii octobre M.DCXXIX, à ce qvil plvt a Dievr, par l'intercession de Sainct Antoine, retint son fléav av dessvs ladicte ville affligée depvis vn an. Ledict vœv fvt rendv et accompli solennellement par tovs les corps et ordres de ladicte ville, lvndi de la Pentecoste de l'année svyvante M.DCXXX, qvi eschoit le xx may avqvel jovr lesdicts sievrs consvls, av nom de la svsdicte ville, fondèrent en ce liev et église de Sainct Antoine vne messe à diacre et sovs diacre qui doibt estre annvellement, à perpétvité, célébrée par les vénérables religievx de cette abbaye le lvndi immédiatement après le jovr et feste de la Saincte-Trinité, ainsi qve resvlte de l'acte reçv par M.ᵉ Armand Lvioya, secrétaire de ladicte ville. M. 1 Gadde, près dvdict jovr et an. C. Michel III. E. Aymon II. F. Vivet IIII. »

« Les consuls furent exacts à faire ce voyage ; ensuite ils y envoyèrent un député ; enfin le mal, l'hôpital et la messe ont cessé d'exister.

» Ces quatre années de misère occasionnèrent bien des

dépenses. Les villes voisines avaient envoyé des secours ; la justice et la reconnaissance commandaient de les payer. Les habitants délibérèrent de faire une imposition. Le chapitre se prétendit exempt : il invoqua ses titres, qui cependant le condamnaient, car la sentence arbitrale de 1374, en l'exemptant de la taille, décidait, à l'article XXI, que les ecclésiastiques seraient obligés, *comme de droit,* de contribuer au paiement des subsides, *pro ut juris est.* D'ailleurs les trois ordres de la province avaient mis au rang des *cas de droit* les frais extraordinaires qui avaient pour objet le salut de tous. Il fallut plaider. Un arrêt du conseil, du 17 avril 1634, renvoya la décision de cette affaire à Jacques Talon, intendant, qui, par un jugement du 26 juillet 1635, condamna les chanoines à payer leur part et portion de la contagion [1]. »

En 1630 et 1631, la peste sévissait aussi en Italie. Elle se propagea ensuite dans le nord de l'Europe, en Hollande, en Danemark, jusqu'en Laponie. Les germes n'étaient pas entièrement éteints dans le midi. Elle fit des victimes à Beaucaire, Tarascon, Marseille, Aix; elle remonta ensuite vers le nord et fut signalée à Chillac, près de la Roche-de-Glun, où un nommé Tourtat, mis en quarantaine, s'esquiva avec sa femme et ses enfants et répandit les germes de la peste dans les villages qu'il traversa, à Saint-Paul, Saint-Marcellin, La Côte. A Romans on se hâta de prendre des précautions. M. François de Lacour, marchand, fut nommé capitaine de santé, le 13 juillet 1651 [2]. Pendant huit mois il déploya le plus grand zèle pour éloigner le fléau, qui se mon-

---

(1) DOCHIER, *Mém. sur la ville de Romans,* p. 136.

(2) En 1650, des vaisseaux avaient ramené la peste. Elle fut particulièrement meurtrière sur le littoral de la Méditerranée.

trait aux environs et même dans la ville. Pour le récompenser de ses peines, le dédommager de la perte de son temps et le rembourser de ses dépenses, les consuls lui allouèrent, le 14 mars 1652, une somme de 752 livres 13 sols et 6 deniers.

En 1690, on observa à Romans une maladie sur laquelle nous n'avons pas d'autre renseignement que le suivant. L'intendant Bouchu écrit le 28 octobre ces quelques mots, après la mort de plusieurs personnes à l'hôpital de Sainte-Foy :

« MM. les consuls, attendez que je sois en Dauphiné. Je ferai bien faire sur cela le devoir aux médecins de votre ville, et je doute qu'ils osent hésiter d'aller visiter les hôpitaux, où ils me verront aussi souvent qu'eux. »

Après s'être comme éteinte dans les frimas septentrionaux, la peste reparut, en mai 1720, pour la vingt-troisième fois à Marseille, où pendant deux ans elle régna souverainement. Elle se communiqua à Aix, à Arles, à Toulon et autres villes de la Provence et du Comtat. Romans, qui n'avait pas oublié les calamités du siècle précédent, se hâta de prendre des mesures contre la propagation du fléau. On établit un conseil de santé, composé des consuls, d'ecclésiastiques, de gentilshommes, d'avocats et de bourgeois. Ce conseil fit un règlement sanitaire, qui fut homologué par le parlement. Pendant deux ans ce règlement fut rigoureusement exécuté dans ses dispositions les plus sévères. Il y avait pour les simples contraventions amende, prison et confiscation des marchandises. En cas de récidive, la peine était en outre corporelle. Pour citer un exemple, le 11 juillet 1722, le bureau de santé condamna un sieur Eynard, convaincu d'avoir, par récidive, passé la barrière du pont en fraude et contravention, « à être battu et fustigé avec des verges par l'exécuteur de la haute justice, aux carrefours et lieux accoutumés de cette ville, un jour de marché, jusqu'à la barrière, où il sera appliqué au carcan et y demeurera attaché pendant deux heures, à une aumône de 25 livres et aux frais ». Mais, heureusement pour le délinquant, cette sévère sentence ne fut pas exécutée, parce que la peste cessa bientôt après.

François de Lacour avait été nommé capitaine de santé et eut sous ses ordres deux aides-majors et des valets de ville. On entoura Romans d'un cordon de troupes, échelonnées le long de l'Isère. On ferma les portes de la ville, à l'exception de celles de Jacquemart et du pont, qui furent soigneusement gardées par des citoyens armés de fusils. Un fossé de huit pieds de largeur et d'autant de profondeur, creusé en avant du Bourg-du-Péage, fit considérer cette localité comme sur la rive droite de l'Isère et en dedans du rayon de santé. Enfin, les consuls achetèrent dans la Valloire 746 sétiers de blé, au prix de 7,071 livres 18 sols, pour nourrir les pauvres dans le cas où la peste viendrait à se déclarer. On avait destiné le monastère des Cordeliers pour lieu d'assemblée, le bâtiment des écoles pour l'hôpital des infects et le couvent des Capucins pour les convalescents.

Le 21 octobre, M. Arnoulx Legentil, maître-apothicaire et directeur de la quarantaine établie à Vernaison, composa, en présence de MM. Jacques Chevalier, procureur du roi, et Guillaud, notaire, deux quintaux et demi de parfums pour désinfecter les marchandises, sur la recette donnée par M. Massot, médecin de l'hôpital de Sainte-Foy.

Le conseil de santé arrêta que les marchandises seraient désinfectées à Vernaison et que, pour cette opération, il serait payé 30 sols par balle de laine et 40 sols par balle de draperie. Les laines étaient aussi lavées dans l'Isère et séchées sur les bords, après qu'elles avaient été purifiées dans l'enclos de l'hôpital vieux. Les quatre employés qui avaient été chargés de ce travail, ainsi que d'emmagasiner les cotons, furent astreints à une quarantaine de vingt jours, sans pouvoir communiquer avec personne, ni sortir de l'hôpital, « sous peine d'être fusillés, suivant le règlement ».

Dans la séance du conseil du 9 décembre 1720, M. Legentil représenta qu'il avait hérité de ses aïeux la composition d'un antidote contre la peste, qui avait eu, en d'autres temps, des heureuses suites, et qu'il offrait d'en faire une composition publique. Mais, grâce à Dieu et non à d'impuissantes quarantaines [1] et d'innocents parfums, Romans fut entièrement préservé, comme il l'a été jusqu'à ce jour, de la peste qui avait été si terrible à Marseille. Enfin, le 5 octobre 1722, l'intendant écrivit au conseil de santé pour l'informer que le cordon sanitaire était levé, la quarantaine supprimée et la circulation rétablie.

---

(1) Trop souvent inefficaces, les quarantaines sont très utiles lorsqu'elles sont établies dans de bonnes conditions. Ainsi, au Lazaret de Marseille, par l'effet de mesures bien prises, neuf fois, de 1741 à 1825, la peste a fait irruption dans cet établissement et neuf fois elle a été étouffée avant d'avoir pu en franchir les limites.

www.ingramcontent.com/pod-product-compliance
Lightning Source LLC
Chambersburg PA
CBHW060607050426
42451CB00011B/2123